BEI GRIN MACHT SICH IHR WISSEN BEZAHLT

AF150198

- Wir veröffentlichen Ihre Hausarbeit,
  Bachelor- und Masterarbeit

- Ihr eigenes eBook und Buch -
  weltweit in allen wichtigen Shops

- Verdienen Sie an jedem Verkauf

Jetzt bei www.GRIN.com hochladen
und kostenlos publizieren

Philip J. Dingeldey

Die transatlantischen Beziehungen seit 1945

GRIN Verlag

Bibliografische Information der Deutschen Nationalbibliothek:

Die Deutsche Bibliothek verzeichnet diese Publikation in der Deutschen National-
bibliografie; detaillierte bibliografische Daten sind im Internet über http://dnb.d-
nb.de/ abrufbar.

Impressum:

Copyright © 2012 GRIN Verlag GmbH
Druck und Bindung: Books on Demand GmbH, Norderstedt Germany
ISBN: 978-3-656-21701-5

Dieses Buch bei GRIN:

http://www.grin.com/de/e-book/193026/die-transatlantischen-beziehungen-seit-
1945

GRIN - Your knowledge has value

Der GRIN Verlag publiziert seit 1998 wissenschaftliche Arbeiten von Studenten, Hochschullehrern und anderen Akademikern als eBook und gedrucktes Buch. Die Verlagswebsite www.grin.com ist die ideale Plattform zur Veröffentlichung von Hausarbeiten, Abschlussarbeiten, wissenschaftlichen Aufsätzen, Dissertationen und Fachbüchern.

Besuchen Sie uns im Internet:

http://www.grin.com/

http://www.facebook.com/grincom

http://www.twitter.com/grin_com

Friedrich-Alexander-Universität Erlangen-Nürnberg
Institut für Politische Wissenschaft
Proseminar: Die transatlantischen Beziehungen seit 1945
Wintersemester 2011/12

Die transatlantischen Beziehungen seit 1945

Vorgelegt von: Philip Dingeldey
Studienfächer und Semesterzahl: Politikwissenschaft und Geschichte (jeweils drittes Fachse-
mester)

Inhalt

1.) Der kausale Zusammenhang zwischen Europa- und Deutschlandpolitik im Kontext der Rekonstruktion Westeuropas nach dem Ende des 2. Weltkrieges.

2.) Die Gründe für die Entstehung der NATO im April 1949.

3.) Die Herausforderung des Gaullismus für die transatlantischen Beziehungen.

1.) Der kausale Zusammenhang zwischen Europa- und Deutschlandpolitik im Kontext der Reproduktion Westeuropas nach dem Ende des 2. Weltkrieges:

Nach dem Zweiten Weltkrieg bestand für die USA und Westdeutschland eine enge Verbindung zwischen der jeweiligen Deutschland- und Europapolitik. Generell war für die USA die Deutschlandfrage ein Kernproblem ihrer Europapolitik, das durch einen westeuropäischen Staatenzusammenschluss gelöst werden sollte, wodurch der Zusammenhang entstand; Westdeutschland hoffte wieder mit Europa ein außenpolitisches Bezugssystem zu erhalten, für einen Wiederaufbau, eine Einbindung in das regionale Kooperationssystem und einer politischen Rehabilitierung von den deutschen Gräueltaten – wobei weder USA noch Westdeutschland zunächst konkrete Vorstellung Vorstellungen hatten, sondern nur einen noch vagen europäischen Einigungsprozess forcierten.[*] Die USA gelangten bei ihrer westlichen Führungsrolle zur Erkenntnis, dass besonders durch den sich abzeichnenden Kalten Krieg und den entstehenden Gegensätzen, ein kausaler Zusammenhand zwischen ihrer Europa- und Deutschlandpolitik bestehen müsse, denn der Wiederaufbau und die wirtschaftliche Stabilisierung konnte nur mit der parallelen politischen und ökonomischen Gesundung Westdeutschlands erreicht werden, was besonders für andere europäische Partner als problematisch galt. Außerdem sollte durch die Einbindung Westdeutschlands in Europa ein neues aggressivmilitärisches deutsches Verhalten nicht erneut möglich sein. Man schien also aus der Geschichte und den von den Deutschen als diskriminierend empfundenen Versailler Vertrag von 1919, er unter anderem, zur neuen deutschen Aggression und dem Zweiten Weltkrieg führte, gelernt zu haben.

Das wichtigste Instrument dabei war für die USA der sog. Marshallplan von 1947 zum Wiederaufbau Europas – daher auch *European Recovery Programm* (ERP) genannt. Durch hohe Kredite, Rohstoffe, Lebensmittel und Waren zwischen 1948 und 1952, sollte die europäische Wirtschaft wieder aufgebaut werden, denn diese war stark geschädigt, Nahrungsmittel und Kohle waren rar und große Teile der Infrastruktur waren zerstört. Der Marshallplan führte so schließlich zum Schumannplan 1950, der in die Montanunion (EGKS) mündete, als erste wirtschaftspolitische Integration Westeuropas. Schon die OEEC als lose zusammengeschlossener Staatenbund sollte so für die USA als eine Basis für die ökonomisch-politische Stabilitätsordnung in Europa fungieren und der Lagerbildung im Ost-West-Konflikt dienen. West-

---

[*] Die USA, als mächtigste Siegermacht des Weltkrieges, sah nun ein, dass sie nicht zurück in den Isolationismus konnten - wie im Ersten Weltkrieg -, sondern als Ordnungsmacht in Europa auftreten mussten – in dieser neuen aus komplexen Interdependenzen bestehenden Welt und ihrer eignen hohen Macht -, zur Friedenssicherung im sich abzeichnenden Ost-West-Konflikt und zur „Entfaltung einer globalen Wirtschafts- und Handelsordnung nach liberalen und multilateralen Grundsätzen unter amerikanischer Führung", laut Manfred Knapp. So bildeten sich auch internationale Organisationen wie die NATO, die UNO und das GATT.

deutschland begrüßte freilich das ERP zu ihrem wirtschaftlichen Wiederaufstieg und einer gewissen Stabilität als Frontstaat gegenüber dem Ostblock. So entstand zwischen der Adenauer-BRD und USA ein Grundkonsens zur Westintegration.

So berührte der Marshallplan durch drei eng miteinander verflochtene Hauptfaktoren den kausalen Zusammenhang aus Deutschland- und Europapolitik, nämlich dem ökonomisch-politischen, den politisch-strategischen und den mit dem Deutschlandproblem intermediären Faktor, die schon in der Übersicht angedeutet und nun näher erläutert werden[*]:

Ziel des ökonomisch-politischen Faktors war einem ökonomischen Zusammenbruch Europas zu verhindern und vielmehr Europa wieder wirtschaftlich aufzurichten. Dabei stellte die Besatzung in Deutschland eine große finanzielle Belastung für die Siegermächte dar. Durch die Hilfen des ERP sollten die deutschen Produktionsstätten wieder in Gang gebracht werden. So gelangten vor allem die USA eben zur Erkenntnis, dass Deutschland ein unverzichtbarer Teil der europäischen Wirtschaft sei und so für eine stabile europäische Region eine ökonomische Rekonstruktion Deutschlands unausweichlich sei. So sollte die Besatzung weniger belastend sein und generell in Europa neue Absatzmärkte für die USA geschaffen werden. Westdeutschland sollte in Europa integriert werden, damit eben kein Schaden mehr von ihm ausgehen könne und das ERP war die Integrationsgrundlage - tatsächlich sollten viele Franzosen die EGKS später als Zähmung und Nutzung Deutschlands für französische Interessen sehen. So verquickte der Marshallplan als Mehrzweckinstrument die Europa- und Deutschland-politische Entwicklung.

Eindeutig war aber das ERP auch politisch-strategisch angelegt, nämlich zur Eindämmung der sowjetischen Macht, als Folge der sog. *Containment-Politik* der Truman-Administration. Sollte nämlich nun eine ökonomische und/oder politische Krise in Westeuropa entstehen, so könnte diese von der UdSSR ausgenutzt werden - damit diese expandieren und so die europä-ische Schwäche zu Ungunsten der USA nutzen könnte. Würde man also nichts unternehmen, würde Moskau die Macht in Gesamteuropa ergreifen. Dabei fungierte besonders West-deutschland eben als entscheidendes Element für die Stabilität und Sicherheit Europas. Denn würde in Deutschland das Elend – entstanden aus dem Weltkrieg – sich fortsetzen, würde die Attraktivität einer sowjetischen Besatzungsmacht steigen, sollte nicht das US-Gesellschaftsmodell durch wirtschaftliche und finanzielle Unterstützung angepriesen und durchgesetzt werden. Damit keine Kettenreaktion ausbrach, der Frontstaat Westdeutschland der UdSSR anheimfalle und andere europäische Staaten folgen würden, musste vor allem

---

[*] Diese drei Grundfaktoren zum kausalen Zusammenhang der Europa- und Deutschlandpolitik gelten nicht nur für den Marshallplan, sondern generell für die Europa- und Deutschlandpolitik nach dem Zweiten Weltkrieg und werden nur anhand des geradezu beispielhaften Marshallplans erläutert.

Westdeutschland einbezogen werden und unterstrich so den Kausalzusammenhang noch weiter. Denn nur wenn es diesem Frontstaat gut ginge, würde westliche Propaganda nutzen und zumindest Westdeutschland wieder als Bollwerk gegen den Bolschewismus fungieren können. Der antikommunistische Teil der einst faschistischen Ideologie konnte so in das neue demokratische System vom selbst antikommunistischen Adenauer übernommen werden, im Zuge der Westintegration und dem Kalten Krieg.[*] Nun könnte man noch einwenden, dass das ERP ganz Europa angeboten wurde, zur Sanierung, also auch dem östlichen Teil in der sowjetischen Einflusszone. Wäre das ERP auch auf ganz Europa angewendet worden, wäre die Frontstaatenthematik Westdeutschlands im Kausalzusammenhang von geringerer Brisanz, da auch östlichere Staaten saniert und vom westlichen Gesellschaftsmodell hätten überzeugt werden können. Der kausale Zusammenhang zwischen Europa- und Deutschlandpolitik wäre ergo abgeschwächt. Da jedoch das ERP ein grundsätzlich kapitalistisch-westliches Modell war, das freie Märkte vorsah, war von vornherein klar, dass Stalin das Angebot für Osteuropa ablehnen würde, da es erstens vom Feind stammte und zweitens kapitalistisch war und folglich unannehmbar. Die UdSSR entwickelte als Alternative dann den *Rat für Gemeinsame Wirtschaftshilfe* (RGW) und zementierte so die Blöcke weiter. So war das Angebot an Gesamteuropa eher als Friedenssymbol der USA gedacht, der tatsächliche Kausalzusammenhang zwischen der Europa- und Deutschlandpolitik im politisch-strategischen Faktor bestand natürlich ebenso eminent.

Der intermediäre Faktor unterstreicht zuletzt den Kausalzusammenhang sehr deutlich. Zunächst bestanden wie schon gesagt Vorbehalte anderer europäischer Staaten, vor allem Frankreich, gegenüber einer Rekonstruktion Deutschlands, da diese eher den Morgenthau-Plan favorisierten, der Deutschland als Agrarstaat ohne Militär oder weiterführenden Bildung vorsah, aber in den USA tatsächlich nie wirklich zur Debatte stand. Denn erstens befürchtete Frankreich so einen deutschen Wiederaufstieg und sah sich selbst von kommunistischen Bewegungen unterwandert, wodurch der Zusammenbruch befürchtet wurde. So sahen sich zunächst die USA vor die schwere Wahl gestellt, entscheiden zu müssen, ob Westdeutschland, wie es zur generellen Rekonstruktion Europas nötig sei, saniert werden sollte oder ob man Frankreich in ähnlicher Weise half, damit sich nicht dort in Kürze der Kommunismus durchsetzte. Durch die finanzielle Belastung der USA wegen der Besatzung Deutschlands wurde Marshall de facto die Deutschlandpolitik ohne Rücksichtnahme auf Frankreich diktiert. Auch Groß Britannien drohte an, die Bizone der deutschen Besatzungsgebiete der USA und Groß Britanniens zu

---

[*] Dem Modell der Containment-Politik, die für Westdeutschland als Grenze zum Sowjetsystem von eminenter Bedeutung war und somit für Europa wird auch durch die Truman-Doktrin unterstrichen (vgl. Antwort auf Frage Nummer 2).

verlassen. Durch den Marshallplan konnten diese Probleme weitgehend gelöst werden. Denn durch eine gemeinsame Wirtschaftshilfe in Europa konnte auch Frankreich vor dem Zusammenbruch bewahrt werden, wodurch neues wirtschaftliches Potenzial in Westdeutschland und Frankreich entstand und die gegenseitige Abhängigkeit der beiden europäischen Länder wurden so institutionalisiert, dass eine Bedrohung Deutschlands auf null schrumpfte und so für Frankreich die deutsche Rekonstruktion annehmbar war. Somit konnte Westdeutschland nur rekonstruiert werden, wenn man auch Westeuropa rekonstruierte, um eine deutsche Gefahr durch Institutionalisierung auszuschließen und damit nicht an andere Stelle Schwächen entstanden, wie in Frankreich durch den Kommunismus.

So untermauern die drei Faktoren den komplexen kausalen Zusammenhang zwischen Deutschland- und Europapolitik, da Westdeutschland als Frontstaat wirtschaftlich konsolidiert sein müsse, um eine solide westliche Demokratie aufzubauen und als Teil des Westens der UdSSR widerstehen und Widerstand leisten zu können, gleichzeitig, aber Westdeutschland nur rekonstruiert werden konnte, wenn auch Westeuropa rekonstruiert wurde, um Westdeutschland institutionell einzubinden und auch andere Staaten, die wie Frankreich von Kommunisten unterwandert wurden, schützen und stabilisieren zu können und da zur Rekonstruktion Europas schlicht das deutsche Potenzial nötig sei und die finanzielle Belastung durch die Besatzung zurückgehen sollte.

Zunächst teilten sich jedoch die wirtschaftliche und die politische Westintegration der BRD auf. Denn durch die EGKS, EURATOM und der EWG war die BRD wirtschaftlich in Europa integriert und durch den NATO-Beitritt 1955 politisch und militärisch in das transatlantische Bündnis.

2.) Die Gründe für die Entstehung der NATO im April 1949:

Ursache der *North Atlantic Treaty Organization* (NATO)- Gründung ist der sich abzeichnende Kalte Krieg. Dabei schien die Gründung fast wie eine zwingende Konsequenz aus der neuen bipolaren Struktur, die sich unter anderem auch in der Gründung der DDR, dem COMECON im Osten und dem ERP im Westen manifestierte und die ein solches militärisches Sicherheitsinstrument erforderlich machen würde. Mehrere Ereignisblöcke führen schließlich, von dieser - die Nachkriegszeit überstrahlende - Konfliktlinie zwischen West und Ost, als Gründe in einem historischen Prozess zur Entstehung.

Denn spätestens seit 1947 mit dem sowjetischen Druck auf Griechenland und Türkei und dem griechischen Bürgerkrieg, war der Kalte Krieg ausgebrochen. Dem folgte die sog. *Truman-Doktrin* des damaligen US-Präsidenten, laut der zukünftig jede Nation zwischen westlicher (und laut Truman freiheitlicher und repräsentativer) Demokratie und dem (laut Truman repressiven und diktatorischen) Kommunismus wählen müsse und er allen freien Völkern (auch Griechenland und der Türkei) Hilfe zusicherte. Die Fronten verhärteten sich zur Blockbildung weiter durch das Pendant der *Zwei-Lager-Theorie* der UdSSR, nach der sich seit Kriegsende die unversöhnlichen Fronten des „imperialistischen und antidemokratischen" westlichen Lagers und des „demokratischen und sozialistischen" östlichen Lagers gegenüber stünden. Dementsprechend bildete sich das „Kommunistische Informationsbüro" (Kominform) 1947, ein Zusammenschluss der mittel- und osteuropäischen Kommunistischen Parteien als Kooperationsplattform, die jedoch die Vorherrschaft der KPdSU anerkannte. Es handelte sich also nicht mehr nur um geopolitische Aspekte zweier Supermächte, sondern vielmehr darum, welche der konkurrierenden Weltordnungen sich durchsetzte. Dieser normative und emotional aufgeheizte Aspekt des Konfliktes machte Kompromisslösungen im Konfliktfall auch unwahrscheinlicher, als rein pragmatische Machtüberlegungen. Auch seit dem Abbruch der Londoner Außenministertagung - die durch die Zusammenarbeit der einstigen Anti-Hitler-Koalition Frieden und Stabilität in Europa und der Welt mit Kooperation und Kommunikation sichern sollte – im Dezember 1947, gab es keine Ansätze mehr auf beiden Seiten, Angelegenheiten durch Verhandlungen zu lösen. Die verhärteten und gereizten Beziehungen zwischen den westlichen Siegermächten des Weltkrieges und der UdSSR waren vor allem bei der Rekonstruktion Deutschlands problematisch, da sich durch die gegenteilige Ideologisierung ein einheitliches Deutschland schwer denken ließ. Aus diesen ersten *politisch-ideologischen Konfliktlinien*, die im Konfliktfall kooperative-diplomatische Maßnahmen unmöglich macht, entstand später eine reale militärische Bedrohung, da militärisches Engagement den einzigen Lösungsansatz zwei immer stärker verfeindeter Gruppen darstellte.

Folglich entstanden auf westlicher Seite auch der Marshallplan und der OEEC 1947 mit Wirtschaftshilfen für Europa und besonders Westdeutschland. Das sowjetische Wiederaufbauprogramm, dem RGW, im Januar 1949 und die Ablehnung von Wirtschaftshilfen für Osteuropa durch Stalin, sorgte für eine weitere *ideologisch-ökonomische Polarisierung*. Jedoch kam zu diesem Zeitpunkt eine massive Erhöhung der Verteidigungsanstrengungen durch die USA für Europa noch nicht in Frage, da die wirtschaftliche Gesundung (West-)Europas vordringlich war und schon das ERP nur schwer durch den US-Kongress gebracht wurde. So wurde die Eindämmungspolitik gegen den Sowjetsozialismus auf politische und ökonomische Aspekte beschränkt, da jeder Dollar, der ins Militärische investiert werde, dem Wiederaufbau fehle und so die Stabilität riskierte. Daraus lässt sich folgern, dass die beiden bisherigen Gründe bzw. Konfliktlinien noch nicht ausreichen für ein militärisches Engagement der USA – trotz Truman-Doktrin mit umfassenden Hilfszusagen -, geschweige denn eine multilaterale militärische Kooperation der transatlantischen Partner. Erst musste die militärische Bedrohung durch die UdSSR als neuer Grund realer erscheinen.

Die ökonomische Blockbildung durch die Teilung Europas, in die Staaten, die das ERP annahmen und denen, die Hilfe von RGW durch die UdSSR erhielten - welchen dadurch das sowjetische Gesellschaftsmodell aufgezwungen wurde -, entstand aber auch aus der politischen Blockbildung, verstärkt als nächster politisch-realer Konflikt. Nicht nur in Türkei und Griechenland wurde von der UdSSR interveniert, nein, die durch das RGW gebundenen Staaten wurden zu Satellitenstaaten der UdSSR, durch bilaterale Freundschafts- und Beistandsverträge gefesselt. So manifestierte sich der politisch-ideologische Grund und übersetzte sich weiter in die reale Außenpolitik der UdSSR. Da sich nun ein in sich geschlossener Ostblock ergeben hatte mit kommunistischen Staaten, etwa in Polen, Ungarn und der Tschechoslowakei – besonders seit dem dortigen Staatsstreich 1948, nahm die Idee der NATO konkretere Formen an -, wurde ein möglicher Einfluss oder eine Hilfeleistung des Westens auf diese Staaten vernichtet. Die Frontlinie zog sich bald durch Deutschland, wegen der Unterstützung der ostdeutschen SED durch die UdSSR. Da sich im Osten jener Block bildete, war die logische Konsequenz, dass auch der Westen einen Block bildete, der ebenso unversöhnlich dem östlichen gegenüber stünde, nicht nur mit den selben politischen, ökonomischen und sozialen Systemen, sondern auch einer militärischen Kooperation, mit der Schutzmacht USA als westlicher Hegemon. So verstärkte die *reale Blockbildung*, direkt aus den ökonomischen und politisch-ideologischen Gründen für die NATO-Gründung resultierend, eine transatlantische militärische Kooperation, die aber noch nur auf eine wirtschaftliche Konsolidierung folgen dürfte.

Ein weiterer Grund für die NATO-Gründung, die diese als solche erst ermöglichte, war der Brüsseler Pakt vom 17. März 1948. Schon 1947 schlossen Groß Britannien und Frankreich den Vertrag von Dünkirchen. Auf diesem baute der Brüsseler Pakt auf. Er wurde auf 50 Jahre unkündbar abgeschlossen von Groß Britannien, Frankreich und den Benelux-Staaten. Aus ihm würde später die Westeuropäische Union (WEU) hervorgehen. Die Ziele des Paktes waren umfassend: Die Demokratie und ihre verfassungsmäßige Tradition, die Gesetzesherrschaft sowie ihre sozialen, kulturellen Bindungen seien zu stärken und zu sichern. Durch Zusammenarbeit und das aufeinander Abstimmen sollte Westeuropa eine feste Basis bekommen und sich wirtschaftlich erholen. Im Sinne der UN-Charta würde man sich gegenseitig Beistand leisten, um den internationalen Frieden und die Sicherheit zu gewährleisten und so jeder Angriffspolitik Widerstand zu leisten. Laut Johannes Varwick diente der Brüsseler Pakt „auch als Zeichen der Europäer zur Selbstbehauptung und Entschlossenheit, ein gemeinsames Verteidigungssystem zu errichten, um sich der perzipierten Bedrohung der Sowjetunion […] entgegenzustellen". Das Bündnissystem der beteiligten Staaten war also viele Bereiche umfassend und sah somit zumindest auch militärische Hilfe im Falle eines Angriffs von außen vor.

Es entstanden also schon Ansätze eines westeuropäischen Verteidigungssystems. Von dort wäre es ein nun kleinerer Schritt zu einem transatlantischen Bündnis, weshalb der *Brüsseler Pakt als Zwischenstation zur NATO* einen weiteren Grund darstellt. So begannen auch im März 1948, auch wegen dem Staatsstreich in der Tschechoslowakei etc., schon Verhandlungen über einen Nordatlantikpakt. Denn durch die Schaffung des Brüsseler Paktes konnte in den USA leichter innenpolitisch ein militärisches Bündnis mit Westeuropa vermittelt werden, wo ein solches noch umstritten war.

Verstärkt wurde das Sicherheitsbedürfnis des Westens, als Stalin die UdSSR wieder aufrüstete. Die verhärteten Fronten und die Wiederaufrüstung auf östlicher Seite, so kurz erst nach dem letzten verheerenden Krieg, forcierten in der westlichen Region erneut die Kriegshysterie und auch in Ost und West die gegenseitige die Furcht vor Übergriffen auf das Grenzgebiet und machten eine militärische Kooperation immer naheliegender. Besonders aus der Berlinblockade im Juni 1948, entstand ein neues Gefühl der Gefahr durch die UdSSR in Westeuropa, was auch den engeren Zusammenschluss weiter forcierte und auch den Brüsseler Pakt logischer erscheinen ließ. Denn langsam wurde die Bildung eines westdeutschen Staates von den westlichen Besatzungsmächten favorisiert, ohne auf einen gesamtdeutschen Kompromiss mit der UdSSR zu hoffen - vorangetrieben von einer geplanten Währungsunion in den westlichen Besatzungszonen. Die UdSSR reagierte gemischt mit Konzilianz und Pressionen: Nach einigen Reparationslieferungen aus dem Osten, aber einer Miniblockade der Eisenbahnen etc.,

sperrten sowjetische Behörden am 24. Juni – tags zuvor wurde die neue Währung der Westsektoren auf die Reichshauptstadt ausgedehnt – die Verbindung zwischen Berlin und den
Westsektoren und unterbrachen die Strom- und Kohleversorgung, wodurch die Westmächte
empfindlich getroffen wurden und der Konflikt durch ideologisches Aufpumpen schnell hätte
militärisch werden können, da man fürchtete Berlin und den Viermächtestatus ganz aufgeben
zu müssen. Durch die improvisierte Luftbrücke konnte schließlich bis August risikoreich die
Verbindung und Lieferung nach Berlin aufrechterhalten werden. Das lag auch daran, dass Stalin an einen Krieg, in dem die UdSSR wohl unterlegen und vernichtet worden wäre, kein ech-
tes Interesse hatte, dennoch war die Gefahr real. Dadurch stieg aber das europäische Vertrau-
en in die USA weiter, man war noch mehr davon überzeugt, dass die eigene Position die rich-
tige war, angesichts des endlichen Nachgebens der UdSSR und der antikommunistische Kon-
sens konsolidierte sich weiter. Durch das nun nicht mehr nur ökonomische und ideologische
Engagement der USA, das in diesem Krisenfall tatsächlich zur Versorgung Berlins Truppen-
flugzeuge einsetzte, zeichnete sich die engere Formation des Westblockes ab, auch auf militä-
rischer Ebene und dem „leadership" der USA. Die *militärische Aufrüstung der UdSSR und
das US- Engagement in Deutschland bedingen sich einander und legen so den militärischen
Grund* für die Zusammenarbeit nahe. Denn auch wenn die USA zuvor keine militärische Hilfe
in Europa leisten wollten, waren sie nach der Berlinkrise und der unmittelbaren Bedrohung
bereit dazu. Gleichzeitig erkannten mit der militärischen Bedrohung die USA, dass sie die
sich daraus ergebenden Probleme nicht alleine stemmen konnten und ergo eine multilaterale
militärische Bündnisordnung nötig sei, wo auch Europa beteiligt sei und im Konfliktfall seinen Teil leiste.

Daher entstanden seit dem Brüsseler Pakt Verhandlungen eines transatlantischen auf gegen-
seitiger Verteidigung basierenden Bündnisses. Als die sog. „Vandenberg-Resolution" am 11.
Juni 1948 den US-Senat passierte, waren die Hindernisse auf der Seite der USA beseitigt. So
unterzeichneten am 10. April 1949 in Washington die Vertreter von zehn europäischen und
zwei amerikanischen Staaten[*] den Nordatlantikvertrag, der die NATO gründete; er trat am 24.
August 1949 in Kraft. Laut Michael Rühle sei die militärische Aufgabe der NATO „die Verteidigung des Bündnisterritoriums gegen eine Invasion – eine Aufgabe, die unter den spezifi-
schen Bedingungen des Ost-West-Konflikts ausschließlich durch Abschreckung, d. h. eine
bloße Androhung von Gewalt, wahrgenommen werden konnte". Das bedeutet auch, dass der
Angriff auf ein Mitglied als ein Angriff auf alle Mitglieder verstanden würde und so alle militärisch Beistand zu leisten hatten. Das Ganze war dennoch ein US-amerikanisches Unterneh-

---

[*] Diese Staaten waren: Belgien, Dänemark, Frankreich, Groß Britannien, Island, Italien, Kanada, Luxemburg,
Niederlande, Norwegen, Portugal und USA.

men unter der Hegemonie der USA als militärisch und wirtschaftlich stärkste Macht innerhalb der NATO, entstanden aus den realen Bedrohungen und dem Sicherheitsbedürfnis der transatlantischen Partner.

Diese einzelnen Gründe und Aspekte, die sich aus der übergreifenden Ursache des sich abzeichnenden Kalten Krieges ergeben - sprich, die politisch-ideologische Aufheizung der gegensätzlichen Weltbilder und Gesellschaftskonzeptionen, die ökonomische Polarisierung (nicht nur durch getrennte Wirtschaftssysteme, sondern auch der unterschiedlichen Wirtschafts- und Wiederaufbauhilfen in Ost und West), die auch daraus resultierende politische Blockbildung, dem Brüsseler Pakt als Vorläufer des Nordatlantikpakts und die sich abzeichnende militärische Bedrohung (durch die Wiederaufrüstung und die Berlinkrise, die nur durch das große Engagement der USA gelöst werden konnte, die schließlich zur Einsicht gelangten, dass die Probleme nur multilateral gelöst werden können) -, machten schließlich die NATO im April 1949 möglich und schon fast in der Konsequenz des Ost-West-Konfliktes unvermeidlich notwendig.

3.) *Die Herausforderung des Gaullismus für die transatlantischen Beziehungen:*

Durch die außenpolitischen Ziele des französischen Präsidenten, den General Charles de Gaulle, der 1958 gewählt wurde, wurde die transatlantische Gemeinschaft vor einige Herausforderungen gestellt, darunter besonders die USA, die BRD und Groß Britannien.

Dies ist schon an der bloßen Konzeption und den Zielen des *Gaullismus* ersichtlich: Denn de Gaulle bezweckte erstens eine Politik der nationalen Unabhängigkeit, um die „doppelte Hegemonie" der USA und der UdSSR zu Gunsten einer eigenständigen europäischen Macht, die vom „Atlantik bis zum Ural" reichen sollte, als sog. „Dritte Macht", zu schwächen. Das läuft natürlich entgegen dem westlichen Hegemon USA, da dieser Dritte-Macht-Begriff keine amerikanisch-europäische Interessenidentität bedeutet mit einem zweiten Kraftzentrum in Europa, sondern eine Konkurrenz zur USA, mit einer Kraft zwischen den Blöcken. Zweitens bestand in Kontinentaleuropa der französische Führungsanspruch als neue (alte) Großmacht, gestützt auf ein „besonderes Verhältnis" zur UdSSR, um das deutsche Gegengewicht in Westeuropa zu neutralisieren und da für die Schaffung einer gesamteuropäischen Ordnung Russland unverzichtbar sei. Dies bedeutet schon einen Interessensgegensatz zum Frontstaat BRD zur dynamischen gaullistischen Europapolitik. Denn diese flexibleren Beziehungen zur UdSSR zeigten, dass diese evtl. auf Kosten der BRD verliefen[*]. So war die Prämisse der deutschen Wiedervereinigungspolitik, dass die BRD die französische Europapolitik unterstütze, wenn Frankreich die westdeutsche Ostpolitik unterstütze, zu Gunsten der französisch-sowjetischen Kommunikation nach hintern gerückt und das transatlantische Bündnis aufgeweicht. Auch wollte Frankreich zur Atommacht aufsteigen, um Europa selbstständig schützen zu können. Somit wäre das westliche Nuklearmonopol der USA bedroht. Wichtig war aber auch eine enge Zusammenarbeit mit der BRD, um diese von den USA zu lösen, für ein französisches unabhängiges Europa, in der das deutsche Potenzial genutzt werden könne und weil ein Gesamteuropa zwangsweise eine deutsche Wiedervereinigung bzw. Konföderation erfordere[†], wobei die Beziehungen bilateral vertieft wurden, wegen dem gaullistischen Primat des Nationalstaats. So entstand für die BRD das Problem, sich außenpolitisch zwischen Washington und Paris entscheiden zu müssen, wodurch diese erneut konkurrierten. Im Folgenden wird auf Beispiele eingegangen, wobei ich von den verschiedenen Ebenen von de Gaulles Vorgehen ausgehend auf die daraus folgenden Herausforderungen für die transatlantischen Beziehungen eingehe.

---

[*] Besonders nachdem die Bedeutung Frankreichs in Europa durch die Lockerungstendenzen der Blöcke seit Mitte der 1950er und der Gründung der EGKS als Grundstein für den französischen Einfluss im integrierten Europa, stieg und ergo auch in der deutschen Frage.

[†] Dies bedeute aber auch ein neues, größeres, evtl. bedrohlicheres Deutschland. Da er aber eine Wiedervereinigung wenigstens verzögern wollte, unterstützte er später, wie Adenauer, die Hallstein-Doktrin.

De Gaulle versuchte zum einen 1958, die NATO umzugestalten und ein amerikanisch-britisch-französisches Dreierdirektorium zu etablieren, um das angelsächsische Führungsmonopol zu brechen und seinen militärischen Einfluss auszubauen, was aber scheiterte, da US-Präsident Eisenhower dies strikt ablehnte. Seitdem legte de Gaulle seinen Fokus mehr auf Europa. 1966 schließlich trat Frankreich aus der NATO aus, als dessen transatlantischer Einfluss zu gering blieb. Damit schwächte es das militärische transatlantische Bündnis eminent und verstärkte die Herausforderung der transatlantischen Partner mit einem schwächeren Bündnis sich gegen den Ostblock zu behaupten. Auch stellte sich für die BRD die Frage über die französischen Truppen auf deutschem Boden und verschärfte die Zwickmühle seiner Sowohl-als-auch-Politik bei der Wahl zwischen Washington und Paris. Frankreich verschaffte es jedoch einen größeren Handlungsspielraum bei den Beziehungen zur UdSSR.

Besonders die deutsch-französischen Beziehungen waren ein wichtiger Punkt des Gaullismus. So lud de Gaulle Bundeskanzler Adenauer auf seinen Landsitz auf Colombey am 14./15. September 1958 ein, wo er eine gegenseitige Unterstützung für ein von den USA getrenntes Gesamteuropa mit ständigen Konsultationen („organischer Kontakt" genannt) und eine wirtschaftliche, militärische und nahöstliche Zusammenarbeit vorschlug. De Gaulle sah die BRD aber nicht als gleichberechtigt an, da er durch den NATO-Versuch auf zwei Ebenen agierte. Auch wenn die BRD so gegen eigene Interessen und Verpflichtungen gegenüber den USA hätte verstoßen müssen, zeigten sich die Regierungschef bald voneinander beeindruckt und harmonierten sehr gut, auch da de Gaulle versprach, mit Festigkeit den Supermächten gegenüberzutreten, da beide diesen und der NATO misstrauten. Man fürchtete, die *flexible response* der USA gegenüber der UdSSR sei im Zweifelsfall für Europa unberechenbar. Deswegen sah Adenauer wohl auch darüber hinweg, dass de Gaulle das transatlantische Bündnis gegen die UdSSR nicht stärken, sondern seinen Einfluss als Dritte Macht ausbauen wollte. So behauptete Adenauer, der eigentlich für ein starkes transatlantisches Bündnis stand, gegenüber US-Präsident Kennedy törichter Weise, de Gaulle boykottiere das Bündnis nur, weil die USA zu wenig Härte und Führungskraft zeigte, obwohl de Gaulle dieses Bündnis eher zu seinen Gunsten durch eine klassische Allianz ersetzen wollte. Da aber weder Frankreich – das auf deutsche Kosten eine Großmacht werden wollte – noch die USA – die flexible Ostpolitik betreiben wollten – komplett die deutschen Interessen vertraten, entschied man sich für eine Sowohl-als-auch-Politik zwischen Frankreich und USA. Seitdem hörte Adenauer aus den deutsch-französischen Beziehungen positives heraus, verstärkt durch de Gaulles Haltung in der Berlinkrise 1961[*]. Höhepunkt der damaligen deutsch-französischen Beziehungen sollte der Elysee-Vertrag vom 22. Januar 1963 darstellen: Dieser sieht auch Konsultationen und eine enge Zusammenarbeit auf den Gebieten Wirtschaft, Politik und Militär - wobei sich hier de Gaulle die absolute Handlungsfreiheit vorbehielt – vor, für „gemeinsame Konzeptionen". Demnach hätte die BRD eigentlich ihre Außenpolitik neu konzipieren müssen. Später nahm aber Außenminister Schröder den Vertrag schlicht nicht ernst. Die *Atlantiker* in der BRD – welche die USA favorisierten – setzten aber in der Präambel die Klausel eines Vorranges der Atlantischen Allianz durch, der alle anderen kaum als bindend empfundene Punkte ad absurdum führte. So war der Vertrag selbst keine echte Bedrohung für die Allianz, da de Gaulles Ziel durch die Präambel verfehlt war, aber wurde er als solches empfunden. Die USA forderten die BRD auf, zwischen Washington und Paris eine Entscheidung zu treffen und die EWG warf dem Vertrag vor, innerhalb der europäischen Gemeinschaft privilegierte Beziehungen auf bilateraler Ebene zu schaffen, für ein „„institutionalisierte[s] Kondomium´ mit dem Ziel einer Hegemonie in Europa" - wie Gilbert Ziebura die europäische Befürchtung beschreibt.

Unter Bundeskanzler und Atlantiker Erhard verschlechtern sich die Beziehungen, da er die Widersprüche zwischen der deutschen und der französischen Außenpolitik offenlegte und die gaullistische Bevormundung nicht hinnahm, besonders auf den Gebieten der deutschen Ostpolitik, wegen de Gaulles sowjetisch-französischer und der Europapolitik. Weiterhin blieb also die BRD zwar von den USA und Frankreich in der Sicherheits- und Europapolitik abhängig, jedoch hatten sie die deutsch-französischen Beziehungen in eine unvorteilhafte Position gebracht, durch den Mittelweg zwischen Paris und Washington und seiner starren Ostpolitik. So konnte die BRD den Anspruch, wählen zu müssen, kaum lösen, was auch die deutsch-amerikanischen Beziehungen vor eine Herausforderung stellte.

Eine weitere Herausforderung stellt die *force de frappe* dar, der Ausbau Frankreichs zur Atommacht; denn im Februar 1960 zündete es in der Sahara die erste Atombombe, was seine Gleichrangigkeit zu USA und Großbritannien und seine Überlegenheit zur BRD unterstrich und Frankreich bestand auf seiner nuklearen Unabhängigkeit. Die USA versuchten durch die „Multilaterale Nuklearstreitmacht" (MLF) die französischen Nuklearherausforderungen zu kompensieren, mit der Schaffung einer nuklearen seegestützten Streitmacht unter NATO-Führung und somit unter der US-Hegemonie. Obgleich dies militärisch sinnlos war, sollte es politisch den Anschein wecken, die USA würden den europäischen Partnern ein nukleares Mitbestimmungsrecht einräumen, aber ohne echte Verfügungsgewalt. Die BRD aber nahm

---

[*] Diese Krise bot sogar eine mehrfache Chance für de Gaulle: Durch die geringe westdeutsche Beteiligung bei den Verhandlungen unterstrich Frankreich seine Rolle als gleichberechtigte Siegermacht neben Groß Britannien und USA und er gewann Adenauer für seine EWG-Politik, als er in dessen Sinne agierte.

am MLF teil, um nuklearen Einfluss zu erhalten und da sie auf eine Hebelung zur Wiedervereinigung hoffte. So belastete die *force de frappe* die französisch-amerikanischen und die
deutsch-französischen Beziehungen und forderte so den transatlantischen Zusammenhalt weiter heraus.

De Gaulle zielte auch auf eine Europäische Politische Union ab, zum verteidigungspolitischen
Agieren gegenüber den Supermächten, aber ohne Supranationalität, um seine nationale Macht
nicht einzubüßen und einer deutsch-französischen Zusammenarbeit als Kern. Im Februar 1961
einigten sich die EWG-Mitgliedstaaten auf eine tiefere Integration, keine Konföderation, aber
auch ohne einen Antiamerikanismus, den de Gaulle erhoffte und er musste die EWG-
Kommission anerkennen. Einzelheiten wurden von einer Studienkommission unter dem Gaul-
listen Fouchet ausgearbeitet. Ziel war eine „unauflösliche Staatenunion", mit gemeinsamer
Außen-, Wirtschafts- und Kulturpolitik und regelmäßigen Treffen der Regierungschefs als
Rat, einer Versammlung mit Vertretern nationaler Parlamente und eine Kommission, beste-
hend aus den Außenministern; aber Ziel war auch eine enge Zusammenarbeit mit der NATO.
Ein antiamerikanischerer neuer Entwurf wurde abgelehnt. Die Herausforderung die europäische Integration gegen die USA als Dritte Macht zu stärken, wurde vorerst von den transatlantischen Beziehungen bestanden, durch Kompromisse der EWG-Staaten. In den USA - die
zwar eine tiefere, aber eine supranationale und wirtschaftliche Integration zur transatlantischen Stärkung und einem EWG-Beitritt Groß Britanniens und keine nach dem „Europa der
Vaterländer" forcierten – entwickelte 1962 die Kennedy-Administration daher das *Grand Design of Atlantic Partnership* mit einem Europakonzept nach ihren genannten Zielen und der
Abschaffung der Zollschranken für US-Exporte, größeren europäischen militärischen Vertei-
digungsmaßnahmen und dem MLF. De Gaulle bestand 1963 aber auf seiner nuklearen Unabhängigkeit, legte ein Veto gegen den britischen Beitritt ein und entzog so dem *Grand Design*
seine wirtschaftspolitische Basis. 1965 zeichnete sich jedoch die Krise des leeren Stuhls ab:
Als nach den Römischen Verträgen die Einführung der Mehrheitsentscheidung im Ministerrat
beschlossen wurde und es eine neue Agrarpolitik gab, lehnte de Gaulle dessen Fondverwal-
tung ab und nahm an den Sitzungen nicht mehr teil. Die BRD stellte sich dabei an die Spitze
der Opposition gegen Frankreich und verschlechterte so die deutsch-französischen Beziehungen. Dies forderte die europäische Einigung, die für die transatlantischen Beziehungen eminent wichtig war, heraus und konnte erst durch den Luxemburger Kompromiss im Januar
1966 gelöst werden: So wurden supranationale Ansprüche zurückgenommen. Hinter diesem
Machtkampf stand die französische Furcht, ein wirtschaftlich integriertes Europa könnte der
BRD mehr Vorteile bringen als Frankreich.

Die verschiedenen Gebiete, auf denen der Gaullismus agierte, stellten so verschiedene Akteu-re in den transatlantischen Beziehungen, vor Herausforderungen: Während seine angestrebte NATO-Reform wenig problematisch war, wurde die NATO durch den französischen Austritt geschwächt und so vor das Problem gestellt, dass die transatlantischen Beziehungen zugunsten der französisch-sowjetischen Beziehungen aufgeweicht wurde; die neuen deutsch-französischen Beziehungen stellten die BRD vor die Herausforderung, zwischen Washington und Paris wählen zu müssen, was diese verweigerte und sich so in eine unvorteilhafte Position brachte; die *force de frappe* sollte die militärische Konkurrenz zur USA hervorheben, die durch das MLF, das aber von der Johnson-Administration später fallen gelassen wurde, nur teils kompensiert werden konnte - die transatlantische Partnerschaft wurde auch hier gespal-ten; und schließlich sollte das gaullistische Europakonzept den angelsächsischen Einfluss in Europa brechen – diese Herausforderung konnte durch die Kompromisslösung des Fouchet-Plans kompensiert werden, aber das amerikanische *Grand Design* als Lösung konnte sich erst nicht durchsetzen. Bleibt noch zu erwähnen, dass die Grundkonzeption des Gaullismus sich so nicht realisieren ließ – nicht nur wegen den Reaktionen europäischer und amerikanischer Akteure, sondern auch durch innenpolitische Probleme Frankreichs, den erfolgreichen Unab-hängigkeitsbewegungen der Kolonialgebiete, wie in Algerien und durch im Vergleich zu den Supermächten zu geringe französische Atommacht, um Europa im Notfall verteidigen oder Gegner abschrecken zu können. So schmälerten sich einige Herausforderungen für die trans-atlantischen Beziehungen schon zuvor.